Irene Wirth

Die ersten Krippenspiele

Mit Reimen, Gedichten, Liedern, Musik und Spiel

Für Kindergarten, Förderschule und Kindergottesdienst

Illustriert von Ulrike Zahner

Verlag Ludwig Auer Donauwörth

Gedruckt auf umweltbewußt gefertigtem, chlorfrei gebleichtem
und alterungsbeständigem Papier.

1. Auflage. 1995

Gesamtherstellung: Ludwig Auer GmbH, Donauwörth
ISBN 3-403-0**2596**-9

Vorwort

„Die ersten Krippenspiele" sind gedacht für weihnachtliche Feiern in Kindergarten, Grundschule, Förderschule und Gottesdienst. Die Stücke sind kurz, mit klaren, einfachen Strukturen und Abläufen.
Bekannte Lieder habe ich bewußt verwendet, weil sie Eltern und Kindern häufig schon vertraut sind.
Die Spiel- und Musikvorschläge möchten als Anregung zu verstehen sein und können variiert werden.
Ich wünsche Ihnen viel Freude und ein gutes Gelingen.

Inhalt

Tiere gehen nach Bethlehem 5
Der Hirte und die Kinder 8
Die Herbergsuche 13
Die Sterne 17
Uns wird erzählt 22
Das Hirtenfeld bei Nacht 26
Die Engel 32
Auf dem Felde 37
Wir bringen unsre Gaben 44
Die Heiligen Drei Könige 48

Hinweis für Xylophon und Glockenspiel

Pentatonik: Nehmen Sie Stäbe „F“ und „H“ heraus

Hier werden die Töne einzeln und wahllos angeschlagen

Glissandi aufwärts:
mehrmals mit dem Schlägel von unten nach oben über die Stäbe gleiten

glissandi ↗

Tiere gehen nach Bethlehem

Ein Schattenspiel

Die Spieler/innen:

- Hahn und Huhn (Hühner)
- Gans
- Hund
- Bär
- Katze und Kater
- Maria und Josef
- Sprecher/in

Es wird gebraucht:

- Leinwand oder großes, weißes Laken
- Overheadprojektor
- Verkleidung für die Spieler
- Stock für den Bär
- Krippe

Anmerkung:

Das Spiel setzt sich aus zwei Teilen zusammen

A) Sprecher/in

B) Schattenspiel (Musik, Bewegung, Spiel, Tanz)

Den einzelnen Tieren bleibt viel Freiraum bei der Darstellung. Die Spielvorschläge sind als Anregungen gedacht.

Die Musik ist entnommen aus:
Lucie Steiner und Ingrid Engel „Tanz mit Cassette“.
Gustav Bosse Verlag, Kassel

Lieder:
Hühnergatter – Schöne Gärten – Hin und Her – Bär – Elfenreigen – Einzug der Löwen

Text: Kam der Hahn nach Bethlehem, Klaus W. Hoffmann

Schattenspiel

1. Vers
Kam der Hahn nach Bethlehem,
wollte auch zur Krippe hingehn,
um das Jesuskind zu sehen,
ihm ein kleines Lied zu krähen.
Kikeriki, kikeriki, kikeriki.

Musik:
„Hühnergatter"

Spielvorschlag:
Der Hahn hüpft, pickt Körner auf, lockt die Hühner herbei, alle picken, er plustert sich auf, schlägt mit den Flügeln.

Hahn:
„Kikeriki, kikeriki, kikeriki"

2. Vers
Kam die Gans nach Bethlehem,
wollte auch zur Krippe hingehn,
um dem Kind was vorzuflattern,
ihm ein kleines Lied zu schnattern.
Gigagoschi, gackgackgack.

Musik:
„Schöne Gärten"

Spielvorschlag:
Die Gans geht in die Hocke, streckt den Hals nach vorne, dreht sich, schüttelt ihr Gefieder, stochert mit dem Schnabel, frißt.

Gans:
„Gigagoschi, gackgack-gack"

3. Vers
Kam der Hund nach Bethlehem,
wollte auch zur Krippe hingehn,
um dem Kind sich vorzustellen,
ihm ein kleines Lied zu bellen.
Wuffel, waffel, wauwauwau.

Musik:
„Hin und Her"

Spielvorschlag:
Der Hund rennt hin und her, schaut, hechelt, gräbt, rollt sich am Boden, schlägt Purzelbaum, liegt auf dem Rücken und zappelt mit den Beinen.

Hund:
„Wuffel, waffel, wauwauwau"

Schattenspiel

Musik:
„Bärentanz“

Spielvorschlag:
Der Bär tanzt mit einem langen Stock in der Hand. Er hüpft auf dem rechten, dem linken Bein, klopft mit dem Stock, macht allerlei Tanzschritte und Bewegungen.

Bär:
„Brummbrummbrumm.“

4. Vers
Kam der Bär nach Bethlehem,
wollte auch zur Krippe hingehn,
sprach zum Kind: „Ich kann nicht summen
aber tiefe Töne brummen.
Brummbrummbrumm.“

Musik:
„Elfenreigen“

Erster Teil:
Spielvorschlag:
Die Katze geht und tanzt allein, der Kater kommt hinzu, bewegt sich genauso, beide gehen umeinander herum, beschnuppern sich, gehen zusammen vor- und rückwärts.

Zweiter Teil: nochmals die Musik wie oben; beide führen zur Musik mit ihren Pfoten dieselben Bewegungen aus. (Nur die Pfoten tanzen.)

5. Vers
Kam die Katze nach Bethlehem,
wollte auch zur Krippe hingehn,
um das Jesuskind zu schauen,
ihm ein kleines Lied miauen.
Miaumiaumiau.

Musik:
„Einzug der Löwen“

Spielvorschlag:
Die Tiere gehen mit ihren arttypischen Bewegungen hintereinander zur Krippe.
Dort verbeugen sie sich und bleiben stehen.

6. Vers
Kamen die Tiere nach Bethlehem,
wollten alle zur Krippe hingehn,
ein Geschenk dem Kind zu bringen,
ihre Lieder ihm zu singen.
Hahn: „Kikeriki, kikeriki, kikeriki.“
Gans: „Gigagoschi, gackgackgack.“
Hund: „Wuffel, waffel, wauwauwau.“
Bär: „Brummbrummbrumm.“
Katzen: „Miaumiaumiau.“

Der Hirte und die Kinder

Die Spieler/innen:	Engel	5. Kind (Schal)
	Hirte	6. Kind (Hund)
	1. Kind (Vogel)	7. Kind
	2. Kind (Puppe)	Maria
	3. Kind (Feder, Kugel, Stein, Zahn, Marzipan)	Josef
	4. Kind (Hase)	

Es wird gebraucht:

- Krippe mit „Kind"
- Glockenspiel
- Xylophon
- Baßstab
- Klanghölzchen
- Triangel
- Becken
- Rasseln
- Glöckchen

In der Mitte der Spielfläche bleibt der Platz frei. Die Krippe ist hinten (Mitte) aufgestellt, Maria und Josef stehen rechts und links daneben. Die Kinder spielen etwas abseits am Fußboden.

Der Engel tritt vor und singt:

2. Euch ist ein Kindlein heut geborn
von einer Jungfrau auserkorn,
Ein Kindelein so zart und fein,
das soll eur Freud und Wonne sein.

Text und Melodie: Martin Luther, 1539

Der Engel stellt sich hinter die Krippe und bleibt dort bis zum Ende des Spiels.

Hirte kommt vor und spricht:

So hörte ich den Engel singen,
da hielt mich nichts, ich mußte springen,
lief mit dem Stern nach Bethlehem,
hab dort das Jesuskind gesehn.
Ich möcht noch mal hin, möcht ihm was sagen,
vielleicht mit den Kindern? Ich werde sie fragen:
(wendet sich an die Kinder)
Wer will mit nach Bethlehem?
Wer will das Jesuskind dort sehn?

1. Kind:

Ich. (nimmt den **Vogel**)
Den Vogel werd ich Jesus bringen,
der wird ganz herrlich bei ihm singen.

Hirte und Kind gehen im Kreis und singen:

Text und Melodie: Irene Wirth

Beide bleiben vor den Kindern stehen.

2. Kind:

Ich. (nimmt die **Puppe**)
Meine Puppe nehm ich mit,
dann sind wir schon gleich zu dritt.

Hirte und Kinder gehen im Kreis und singen:

Sie bleiben vor den Kindern stehen.

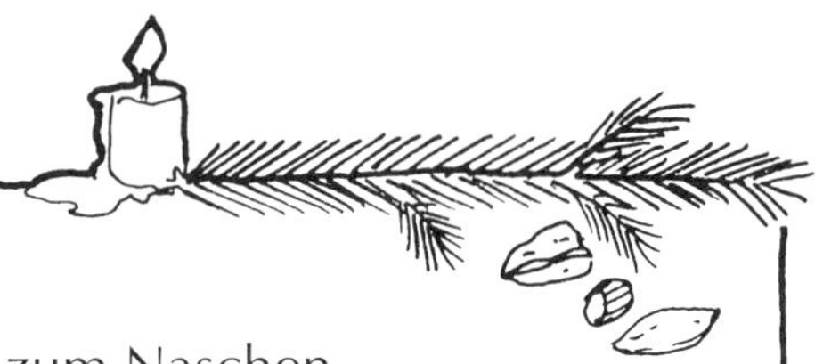

3. Kind: Ich.
Dem Jesus schenk ich was zum Naschen,
ich kram mal in den Hosentaschen,
(holt nacheinander hervor und zeigt)
Feder – Kugel – Stein – ein Zahn,
und da, – da hab ich **Marzipan**.

Hirte und Kinder gehen im Kreis und singen:

Bleiben stehen.

4. Kind (nimmt den **Hasen**):

Komm mein lieber Hoppelhase,
ich putz dir noch schnell die Nase (wischt über Nase)
du bleibst bei dem Jesuskind,
bei Esel, Schafen und dem Rind.

Hirte und Kinder gehen im Kreis und singen:

Sie bleiben stehen.

5. Kind:

Ich.
Ich brauch ein Geschenk – Moment jetzt mal (überlegt)
ich gebe meinen warmen **Schal**. (nimmt Schal ab)

Hirte und Kinder gehen im Kreis und singen:

Sie bleiben stehen.

6. Kind:

Ich. (nimmt den **Hund**)
Auf, mein lieber, kleiner Hund,
bell mal nicht und halt den Mund,
du mußt das Jesuskind bewachen,
seinen Stall und seine Sachen.

Hirte und Kinder gehen im Kreis und singen:

Sie bleiben stehen.

7. Kind:

Ich.
Nicht nur Geschenke wollen wir bringen,
wir wollen dort spielen und wollen dort singen.

Hirte und Kinder gehen im Kreis und singen. Am Ende des zweiten Verses stellen sich alle um die Krippe.

2. Da liegt es, das Kindlein, auf Heu und auf Stroh, Maria und Josef betrachten es froh.
Die redlichen Hirten knien betend davor, hoch oben schwebt jubelnd der Engelein Chor.

Text: Christoph von Schmid, 1811, Melodie: Johann Peter Abraham Schulz, 1794

Hirte: Lieber Jesus ich sage dir,
daß ich geh von Tür zu Tür,
sag, daß du geboren bist
und für uns alle Weihnacht ist.

Alle singen und musizieren: „Seht, die gute Zeit ist nah…"

Text und Melodie: Friedrich Walz 1972 nach einem alten Weihnachtslied aus Mähren

Dazu können die folgenden Begleitstimmen gesungen werden:

2. Hirt und König, Groß und Klein, Kranke und Gesunde, Arme, Reiche, lädt er ein, freut euch auf die Stunde. Halleluja. Halleluja.

Die Herbergsuche

Die Spieler/innen:	Maria	Josef	Soldat
	1. Wirt	dessen Frau	
	2. Wirt (mit Eimer)	dessen Frau (mit Besen)	
	Magd (mit Einkaufskorb)	3. Wirt	
	Chor der Engel		

Es wird gebraucht: Kulisse
(Häuser aus Pappe oder Pappkarton, eines davon steht zwischen Reben)
Der Raum vor der Bühne ist dunkel

Anmerkungen zum Spiel:
Der Kulisse kann ein Stadttor hinzugefügt werden.
Mehrere Personen sind auf der Straße oder vor den Häusern auf verschiedene Weise beschäftigt, besonders dann, wenn Maria und Josef gehen. Die einzelnen Spielphasen lassen sich so verlängern und beleben.
Klang- und Rhythmusinstrumente können miteingesetzt werden.
Gerade das Schlußlied würde so noch an Intensität gewinnen.

Alle Kinder singen:

Text und Melodie: Irene Wirth

Got - tes Sohn wird zu uns kom - men,
für die Bö - sen und die From - men und für dich und mich.

Maria und Josef stehen vorne, etwas abseits der Bühne.

Maria:
Ich muß mich setzen, ich kann nicht mehr,
das Gehen fällt mir gar so schwer.

Josef:
Gleich sind wir da, in Bethlehems Mauern,
es kann nicht mehr lange dauern.

Beide gehen auf die Stadt zu, doch sie werden am Eingang von einem Soldaten angehalten.

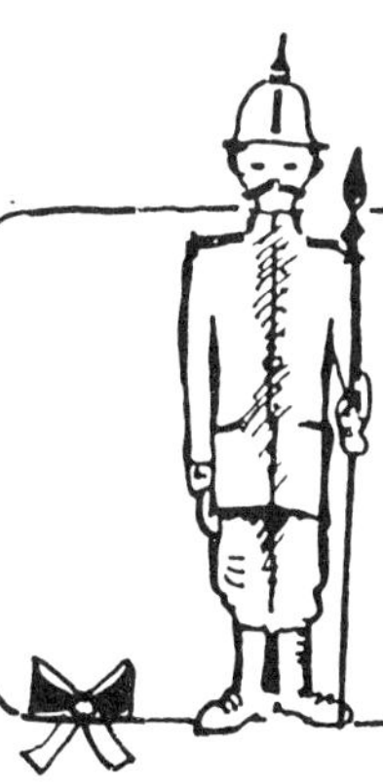

Soldat:
Halt!
Im Namen des Kaisers! Was wollt ihr hier?
seid ihr Händler – oder sucht ihr Quartier?

Maria und Josef singen:

Text und Melodie: Irene Wirth

Soldat:
Geht nur mal in die Stadt hinein,
ein Bett wird schon zu finden sein.

Der Soldat geht weg.

Maria und Josef gehen zur Stadt hin, bleiben stehen und singen:

Wirt und Wirtin kommen hinter einem Haus hervor.

1. Wirt:
Jedes Bett ist hier belegt,
macht mal, daß ihr weitergeht.

dessen Frau:
Vielleicht ist dort drüben noch etwas frei (zeigt hin)
dort gibt es auch Brot, Gemüse und Brei.

Maria und Josef gehen hin. Die Wirtin kehrt mit dem Besen vor dem Haus. Der Wirt kommt mit einem Eimer in der Hand. **Maria und Josef** bleiben stehen und singen:

2. Wirt:
Hm. Hm. Das ist so ´ne Sache (kratzt sich am Kopf)
Habt ihr Geld bei euch? Wohl kein´s in der Tasche?

dessen Frau (fällt ihm ins Wort):
Schick sie gleich weiter, das elende Pack,
die haben nichts in der Tasche und nichts im Sack.

Maria und Josef gehen weiter. Eine Magd mit Einkaufskorb begegnet ihnen.

Sie singen:

Magd:
Die Stadt ist voll mit Menschen und Tieren,
alle suchen Platz und niemand will frieren.
Doch geht mal zum Gasthaus, dort, zwischen den Reben, (zeigt)
der Wirt ist gut, der wird euch was geben.

Maria und Josef gehen hin und singen

3. Wirt (kommt hervor):
Ihr zwei tut mir leid, ich versteh euren Jammer,
belegt ist im Haus jedes Bett, jede Kammer. (denkt nach)
Nur im Stall, bei Esel und Rind
da wäre noch Platz, für euch und das Kind.
Auf Heu und Stroh, da könnt ihr ruhn,
ich komm morgen früh, hab jetzt noch zu tun.

Maria (leise): Dir, Gott sei Dank.

Josef: Lieber Wirt, wir danken dir, zeig uns bitte noch die Tür, und Gott, der segne dich dafür.

3. Wirt (zeigt): Gleich da, rechts, im Dunkeln gebt acht! Ich wünsche euch eine gute Nacht.

Maria und Josef verschwinden hinter dem Haus.

Die Engel kommen, stellen sich hin und singen:

Text und Melodie: Irene Wirth

Die Sterne

Spieler/innen:

11 Kinder (halten einen Stab, an dem oben ein Stern befestigt ist)
Engel

Es wird gebraucht:
- Cassette oder Schallplatte mit Weihnachtsmusik/Weihnachtsliedern
- Licht (für den Engel)

Text: Joseph Mohr, Melodie: Franz Gruber

Text: Johann Daniel Falk, Anfang 19. Jhdt., Melodie: Sizilianische Weise, 1803

Die Flöte spielt dreimal: „Stille Nacht, heilige Nacht…"

Beim ersten Mal:	Die Kinder kommen einzeln nacheinander mit ihren Sternen
Beim zweiten Mal:	Alle Kinder gehen durcheinander ohne anzustoßen
Beim dritten Mal:	Die Kinder verteilen sich und bleiben stehen

1. Stern:

Ich hab schon die ganze Zeit nachgedacht,
heute, da ist eine besondere Nacht,
tiefschwarz der Himmel, friedlich und still,
ich frag mich, was da heut noch werden will?

2. Stern:

Nichts bewegt sich auf Wiesen
und Felder,
kein Tier durchstreift die Flur,
die Wälder.

3. Stern:

Sogar die Eulen ruhen seit Stunden,
kein Gebell, kein Kläffen von
Hunden.

4. Stern:

Die Hühner sind alle längst
eingenickt,
und haben die Körner nicht
aufgepickt.

5. Stern:

Durch den tiefen See schwimmt kein
Fisch.
Die Katze liegt schlafend unter dem
Tisch.

6. Stern:

Hoffentlich wird es kein Unglück
geben.
Ich seh es gern wachsen, blühen
und leben.

7. Stern:

Was machen wir uns Gedanken und
Sorgen,
wir ruhen heut – und leuchten
morgen.

8. Stern:

Ich verschwind von der Fläche. Wer geht mit mir?
Ich hole mein Licht rein, verschließ meine Tür.
(Kind hält Stern nach unten und geht zur Seite)

9. Stern:

Kommt mit, was sollen wir hier stehen,
nicht mal die Tiere wollen uns sehen.
(geht auch zur Seite)

10. Stern:

Nein, ich bleibe, soll kommen was mag,
ich bleib hier stehen, bis es hell ist und Tag.
Irgendwas wird geschehn in der Nacht.
Laßt uns bleiben. Wir halten Wacht.

11. Stern:

Ich denk so wie du, unser Platz, der ist hier.
Ich bleib und leuchte für Mensch und Getier.

3. Stern:

Schaut hin, wie die Esel die Köpfe wiegen,
wie die Wölfe neben den Schafen am Boden liegen.

1. Stern:

Die Räuber hört man heute nicht fluchen und grölen,
sie krochen alle in die Höhlen.

5. Stern:

Sogar die Kinder schlafen schon alle –
aber dort, dort ist Licht, dort in dem Stalle.
(zeigt ganz erregt hin)

10. Stern:

Da kommt noch was, die Nacht ist lang,
mal bin ich froh, dann ist mir bang.

6. Stern:

Schaut, da geht die Sonne auf,
(Licht im Hintergrund)
doch seltsam – das ist nicht ihr Lauf.

2. Stern:

Nein, die Sonne ist das nicht
(erregt)
das ist ein ganz, ganz andres Licht.

4. Stern:

Näher und näher kommt es heran
(ruft laut)
Weicht aus! Weicht aus und macht ihm Bahn!
(Licht wird heller – die Kinder gehen auseinander, der Platz in der Mitte ist frei)

7. Stern: Ich höre Musik am Himmel erklingen
(Weihnachtsmusik leise im Hintergrund)
und jetzt – jetzt hör ich es wunderschön singen
(Musik mit Weihnachtsliedern wird lauter – endet leise)

Engel: (tritt in die Mitte, vom Licht angestrahlt und spricht)

Gottes Sohn ist geboren im Stall,
liegt arm und klein zwischen Tieren,
bringt Friede und Freude den Menschen all,
zu Gott wird er sie führen.

Geht hin, weist den Weg den Hirten am Feld,
dort drüben (zeigt) nach Bethlehem hin,
geht so, daß nur ein Stern den Himmel erhellt;
so ist es nach Gottes Sinn.

Der Engel verschwindet wieder, das Licht erlischt.
Die Weihnachtsmusik setzt wieder ein, wird leiser und verklingt.

3. Stern:

Nun wissen wir was geschehen ist,
geboren ist der Heilige Christ.
Das größte Wunder, das es nur gibt
und zeigt, wie Gott die Menschen liebt.

1. Stern:

Zu Helfern sind wir ausgedacht,
in dieser einzigen, besonderen Nacht.

4. Stern: Wenn Engel kommen, uns etwas zu sagen,
dann hat sich Großes zugetragen.
Laßt uns nicht zögern, laßt uns nicht ruhn,
was er uns sagte, das laßt uns tun.

11. Stern: Alle zusammen wollen wir gehen,
alle beisammen wollen wir stehen,
Wir führen die Hirten hin zu dem Stall,
unser Leuchten sieht man überall.

Die Flöte spielt dreimal hintereinander: „O du fröhliche …“ (sieh Seite 17)

Beim ersten Mal:	Die Kinder gehen durcheinander ohne anzustoßen. Den Stern halten sie senkrecht.
Beim zweiten Mal:	Ein Kind steht mit seinem Stern in der Mitte. Ein Kind nach dem andern stellt sich dazu.
Beim dritten Mal:	Die Kinder bilden alle gemeinsam einen großen Stern (sieh Sternformen) und bleiben stehen, solange die Musik zu hören ist.

Anmerkungen: Der achte und neunte Stern kommen wieder unbemerkt dazu.
Je nach Anzahl der Kinder ergeben sich verschiedene Sternformen.

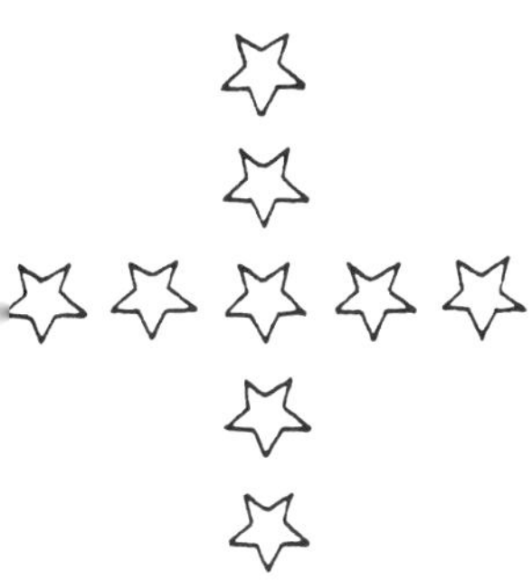

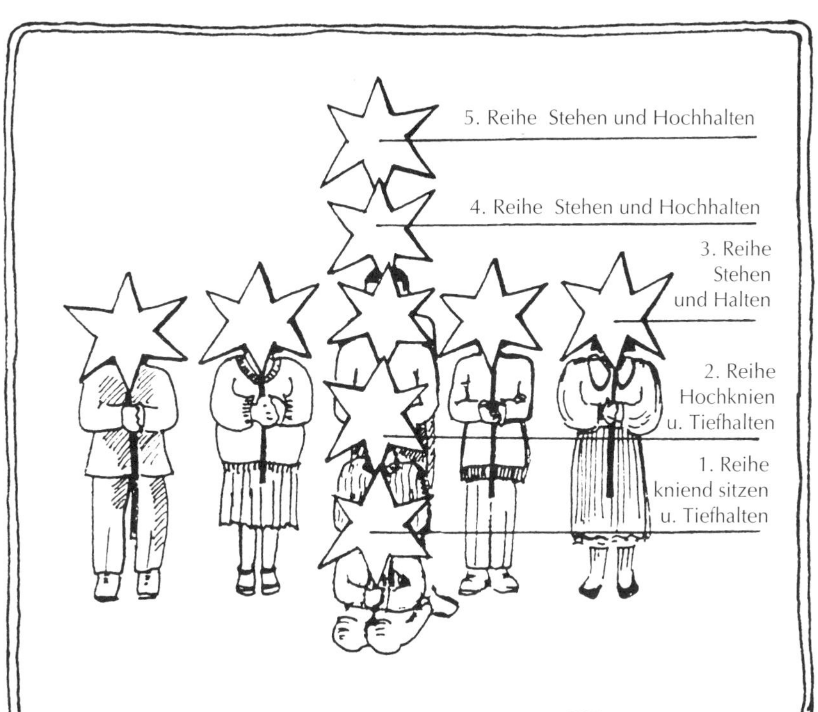

Uns wird erzählt …

Ein Sprechspiel
Text: Kurt Rommel

Die Rollen:
1. Sprecher/in
2. Sprecher/in
Sprechchor I
Sprechchor II

1. Uns wird erzählt von Jesus Christ,
daß er als Mensch geboren ist.
Christ ist geboren! Christ ist geboren!
Darüber freun wir uns.

2. Uns wird erzählt von Jesus Christ,
daß er ganz arm geworden ist.
Christ ist geboren …

3. Uns wird erzählt von Jesus Christ,
daß er unser Bruder worden ist.
Christ ist geboren …

4. Uns wird erzählt von Jesus Christ,
daß er die Tür zum Vater ist.
Christ ist geboren …

5. Uns wird erzählt von Jesus Christ,
daß er die Liebe Gottes ist.
Christ ist geboren …

Aus: „111 Kinderlieder zur Bibel“, Christophorus-Verlag, Freiburg und Verlag Ernst Kaufmann, Lahr

1. Vers

1. Sprecher/in (laut):
Uns wird erzählt von Jesus Christ,
daß er als Mensch geboren ist.

2. Sprecher/in (leise):
Uns wird erzählt von Jesus Christ,
daß er als Mensch geboren ist.

Sprechchor I (laut beginnend, dann immer leiser werdend):
Christ ist geboren, geboren, geboren

Sprechchor II (wie oben):
Christ ist geboren, geboren, geboren

Sprechchor I:
darüber

Sprechchor II:
darüber

Sprechchor I:
freun wir uns

Sprechchor II:
freun wir uns

Sprechchor I und II (im Sprechrhythmus mitklatschend):
darüber freun wir uns

2. Vers

1. Sprecher/in (laut):
Uns wird erzählt von Jesus Christ

2. Sprecher/in (leise):
Uns wird erzählt von Jesus Christ

1. Sprecher/in (laut):
daß er ganz arm geworden ist

2. Sprecher/in (leise):
daß er ganz arm geworden ist

Sprechchor I (leise und ausdrucksvoll):
daß er ganz arm geworden ist

Sprechchor II (stockend mit Pausen):
daß - er - ganz - arm - ge - wor - den - ist

Sprechchor I:
Christ ist geboren

Sprechchor II:
Christ ist geboren

Sprechchor I:
darüber freun wir uns

Sprechchor II:
darüber freun wir uns

Sprechchor I und II (mitklatschend):
darüber freun wir uns

3. Vers

1. Sprecher/in (laut):
Uns wird erzählt von Jesus Christ,

2. Sprecher/in (leise):
Uns wird erzählt von Jesus Christ,

1. Sprecher/in (mit hoher Stimme):
daß er unser Bruder worden ist

2. Sprecher/in (mit tiefer Stimme):
daß er unser Bruder worden ist

Sprechchor I und II („unser" immer betont sprechen):
unser Bruder – unser Bruder – unser Bruder – unser Bruder – unser Bruder worden ist

Sprechchor I:
Christ ist geboren

Sprechchor II:
Christ ist geboren

Sprechchor I:
darüber freun wir uns

Sprechchor II:
darüber freun wir uns

Sprechchor I und II (mitklatschend):
darüber freun wir uns

4. Vers

1. Sprecher/in (laut):
Uns wird erzählt von Jesus Christ

2. Sprecher/in (leise):
Uns wird erzählt von Jesus Christ

1. Sprecher/in (langsam und gedehnt sprechen):
daß er die Tür zum Vater ist

2. Sprecher/in (ganz kurz und abgehackt):
daß er die Tür zum Vater ist

. . . .

Sprechchor I und II singen:

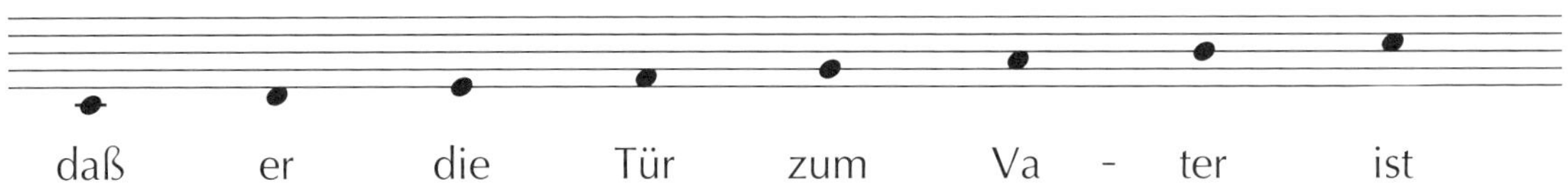

Sprechchor I:
Christ ist geboren

Sprechchor II:
Christ ist geboren

Sprechchor I:
darüber freun wir uns

Sprechchor II:
darüber freun wir uns

Sprechchor I und II (mitklatschend):
darüber freun wir uns

5. Vers

1. Sprecher/in (laut):
Uns wird erzählt von Jesus Christ

2. Sprecher/in (leise):
Uns wird erzählt von Jesus Christ

1. Sprecher/in (kräftig und ausdrucksvoll):
daß er die Liebe Gottes ist

2. Sprecher/in (betont):
daß er die Liebe Gottes ist

Sprechchor I und II:
daß er die Liebe Gottes ist (flüsternd)
daß er die Liebe Gottes ist (halblaut)
daß er die Liebe Gottes ist (laut)
daß er die Liebe Gottes ist (sehr laut)
daß er die Liebe Gottes ist (laut)
daß er die Liebe Gottes ist (halblaut)
daß er die Liebe Gottes ist (flüsternd)

Sprechchor I:
Christ ist geboren

Sprechchor II:
Christ ist geboren

Sprechchor I:
darüber freun wir uns

Sprechchor II:
darüber freun wir uns

Sprechchor I und II (mitklatschend):
darüber freun wir uns, freun wir uns,
freun wir uns

Das Hirtenfeld bei Nacht

Die Spieler/innen: 11 Hirten
ein Kind, das den Stern hält

Es wird gebraucht:

– Verkleidung für die Hirten
– Decken
– Laterne
– Stern

Ort: Hirtenfeld bei Nacht

Drei Hirten sind wach, aufgeregt. Die anderen liegen in Decken gewickelt am Boden und schlafen. Sie werden von den dreien wachgerüttelt.

1. Hirte:
Wacht auf! Wacht auf! Es ist was geschehn!
Wir haben einen Engel gesehn.
Hier stand er (zeigt hin), mit Licht umgeben,
meine Knie begannen zu beben.

2. Hirte:
Ja – und laut hat er zu uns gesagt:
heut ist die besondere, Heilige Nacht.

3. Hirte:
Ein kleines Kind ist Gottes Sohn,
liegt in der Krippe, hat keinen Thron,
im Stall, da vorn in Bethlehem,
wir sollen hin und es besehn.
Ein Stern wird uns den Weg dann zeigen,
der kommt zu uns und wird uns begleiten.

4. Hirte:
Was ein Engel? Ihr wollt uns wohl necken?
(zu den andern)
kriecht doch gleich wieder unter die Decken.
(legt sich hin und zieht die Decke über sich)

5. Hirte:
Geschichten erzählt ihr allemal gerne,
ihr guckt viel zu oft zum Mond, an die Sterne.
(zeigt nach oben)

6. Hirte (zum fünften):
Merkst du nicht, wie wahr das ist?
Der Schrecken steht doch in ihrem Gesicht.

7. Hirte:
Erzählt noch mal, was gewesen ist
und wie das ist mit diesem Christ.

Der erste, zweite und dritte Hirte singen:

Text und Melodie aus dem 17. Jahrhundert

2. Er sagt, es soll geboren sein
zu Bethlehem ein Kindelein.
Des bin ich froh ...

3. Er sagt, das Kind läg da im Stall
und soll die Welt erlösen all.
Des bin ich froh ...

8. Hirte:
Wenn Engel eine Botschaft sagen,
dann laßt uns glauben, laßt uns nicht zagen.

9. Hirte:
Was die erzählen, das ist wahr,
ich nehm es ernst, mir ist das klar.

10. Hirte:
Mir auch, kommt mit und laßt uns gehn
und dieses Kind im Stall besehn.
Macht euch schnell fertig, ich bin schon bereit,
für andres ist jetzt keine Zeit.
(ziehen den vierten Hirten hoch, der noch am Boden liegt)

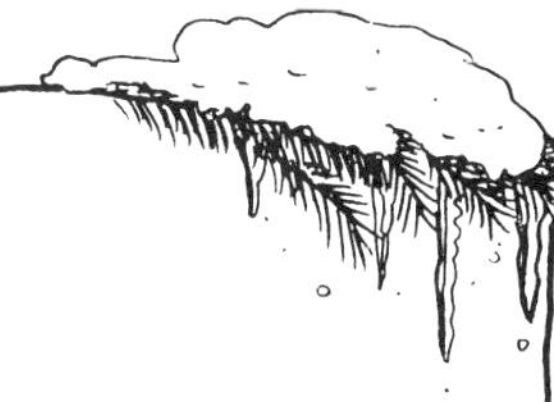

1. Hirte:
Laßt uns gleich zur Krippe eilen,
und laßt uns dort beim Kind verweilen.

2. Hirte:
Ich alter, armer Schäfersmann
denk nach, was man ihm schenken kann.

3. Hirte:
Arm sind wir, das ist bekannt,
aber wir haben ein Herz und Verstand.

11. Hirte:
Jeder soll mal überlegen, was ein kleines Kind erfreut,
ohne Geld etwas zu geben, das macht findig, Hirtenleut.

Alle singen:

Text: Wittenberg, 1560; Melodie: Nach Seth Calvisius, Johann Sebastian Bach

10. Hirte:
Ich schüttel das Stroh, machs Bett ihm schön weich,
dann lächelt er froh und schläft ein sogleich.

9. Hirte:
Ich nehm ihn auf den Schoß, wieg ihn hin, wieg ihn her,
wie die Amme im Schloß, das gefällt ihm sehr.

8. Hirte:
Ich summ ein Lied ganz fein und zart,
wie Sänger das tun auf ihre Art. (summt eine Melodie)

7. Hirte:
Ich streichel ihm Hände, Nase, Gesicht,
das mag er vielleicht – oder meint ihr nicht?
(Die andern nicken zustimmend)

6. Hirte:
Singen kann ich nicht, doch pfeifen recht schön,
das Gotteskind wird es schon verstehn. (pfeift)

5. Hirte:
Ich wach bei Schafen, Esel und Rind,
paß auf, daß sie schlafen und nicht stören das Kind.

4. Hirte:
Späßchen kann ich immer machen,
das bringt Kinder schnell zum Lachen.
(macht ein Späßchen)

3. Hirte:
Im Dunkeln sieht das Kind uns nicht,
deshalb komm ich mit dem Licht. (hält Laterne hoch)

2. Hirte:
Ich wärm ihm die Füße, hauche sie an,
deshalb geh ich vornedran. (geht ein paar Schritte)

1. Hirte:
Wozu noch lange stehen, wozu noch lange reden,
laßt uns jetzt gehen, das Kind anbeten.

Der Stern steht da.

11. Hirte:
Schaut hin! (zeigt zum Stern)
Der Stern ist jetzt da, wir sind nicht allein,
Gott wird uns beschützen, wird mit uns sein.
Er führt uns sicher, das glauben wir,
bis hin zum Stall, bis hin zur Tür.

Die Hirten singen:

Text und Melodie: Irene Wirth

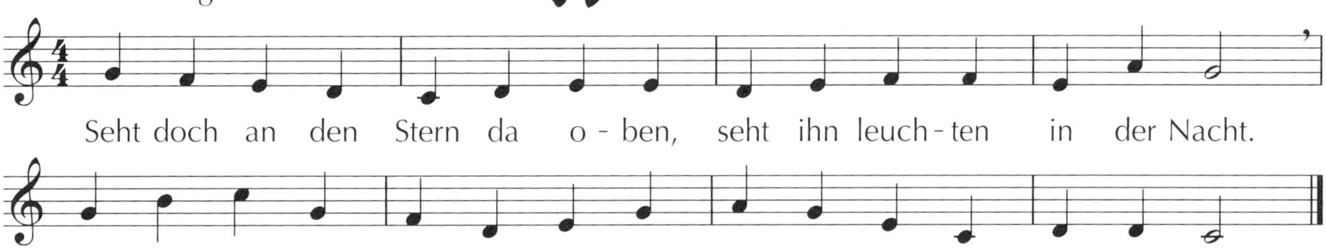

2. Diese Botschaft bracht ein Engel zu uns Hirten auf dem Feld.
   Laßt uns danken, laßt uns loben, Gottes Sohn kam in die Welt.

3. In dem Stall ist er geboren, zwischen Tieren arm und klein.
   Laßt uns danken, laßt uns loben, Gottes Sohn will bei uns sein.

Die Engel und ihre Instrumente:

1. Engel (Gong)
2. Engel (Handtrommel)
3. Engel (Glockenspiel)
4. Engel (Xylophon)
5. Engel (Schellenstab)
6. Engel (Rassel)
7. Engel (kleines Becken)
8. Engel (Hölzchen)
9. Engel (Fingerzimbeln)
10. Engel (Triangel)
11. Engel (Glocke)

Eine Flöte oder Geige spielt die Melodie „Hört der Engel helle Lieder…“ einmal vor.

Anschließend singen **die Kinder**:

Text und Melodie aus Frankreich. Deutsche Fassung: Otto Abel

Jeder Engel spielt zuerst nur sein Instrument; erst dann begleitet er das Lied.

1. Engel (Gong):

Wir wollen Gottes Botschaft bringen,
in diese Welt zu Groß und Klein,
wir lassen Instrumente klingen,
fangt mit mir an, stimmt mit mir ein.

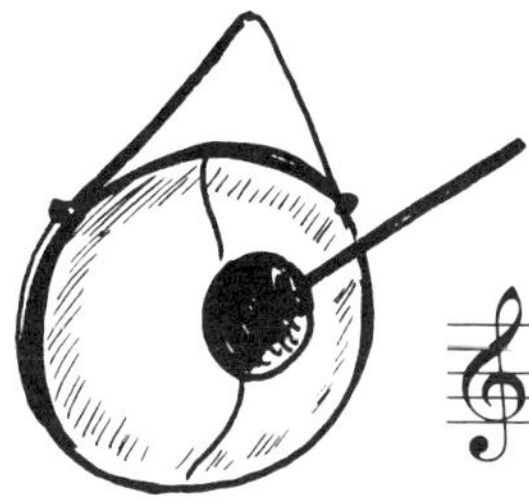

Den Gong anschlagen und ausklingen lassen.

Text und Melodie: Irene Wirth

2. Engel (Handtrommel):

Ich schlag die Trommel, ihr Hirten wacht auf,
nach Bethlehem, zum Kinde, da lauft!
Es liegt in der Krippe, ihr könnt es dort sehn,
der Stern am Himmel wird vor euch gehn.

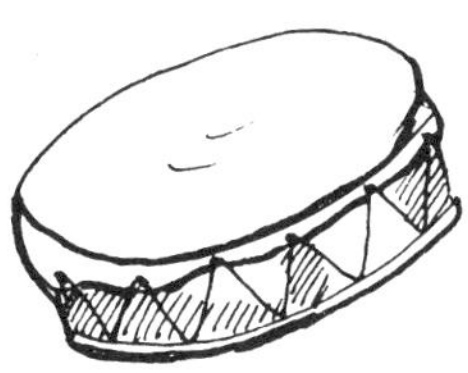

Handtrommel

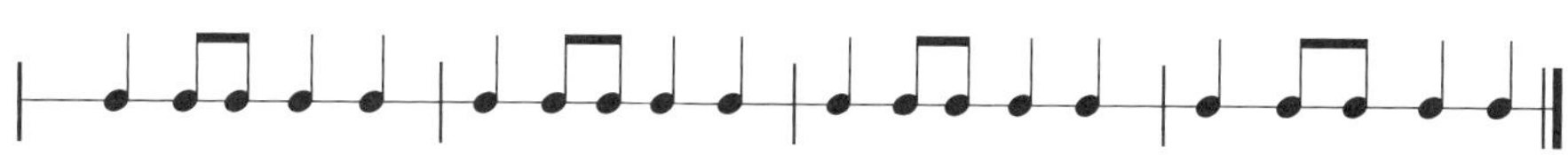

3. Engel (Glockenspiel):

Mit Glockenspiel da setz ich ein,
es soll auf der Erde zu hören sein.

Glockenspiel

4. Engel (Xylophon):

Und ich, ich nehm das Xylophon
und suche mir den tiefen Ton.

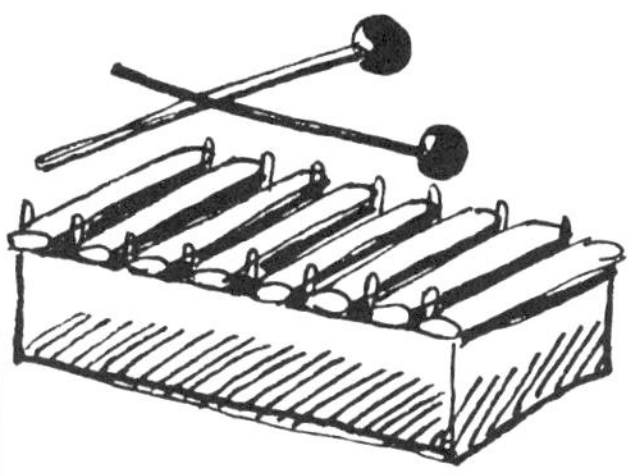

Xylophon

5. Engel (Schellenstab):

Die Schellen, die Schellen, sie klingen sehr hell,
sie übertönen das Hundegebell.

Schellenstab

6. Engel (Rassel):

Damit die Schafe nicht erschrecken,
will ich sie mit der Rassel wecken.

Rassel

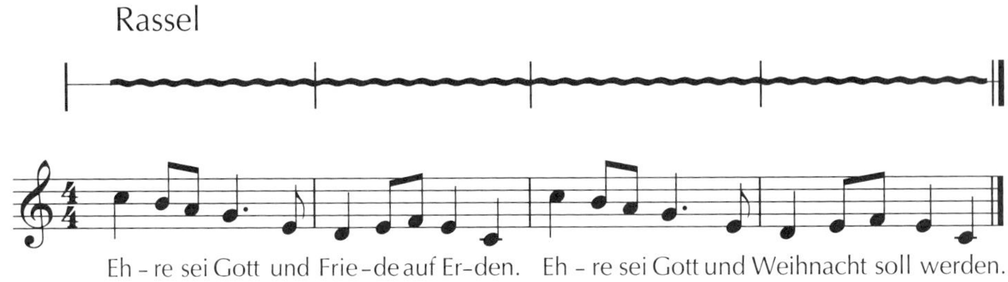

7. Engel (kleines Becken):

Ihr Vögel, hört ihr das Becken erklingen?
Fangt an zu pfeifen, fangt an zu singen.

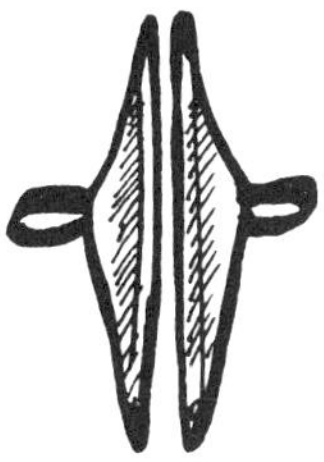

kleines Becken

8. Engel (Hölzchen):

Ihr Käfer, da unten, spitzt euer Ohr,
ich klopf die Hölzchen, brummt kräftig im Chor.

Hölzchen

9. Engel (Fingerzimbeln):

Mit Zimbeln geh ich zu den Bäumen,
laß sie vom Weihnachtswunder träumen.

Fingerzimbeln

10. Engel (Triangel):

Ich gehe zum Stall mit der Triangel,
dort ist bei Ochs und Esel Gerangel,
mache sie friedlich mit meinen Tönen,
ich fange schon an, ihr könnt mich vernehmen.

11. Engel (Glocke):

Meine Glocke soll jetzt klingen
und alle werden mit mir singen:

Die Kinder singen:

2. Gott hat Freude uns beschieden durch ein neugebornes Kind.
Es bringt allen Menschen Frieden, welche guten Willens sind.
Gloria …

Varianten:

1. Jeder Engel spielt zuerst alleine und begleitet dann „Ehre sei Gott …"
2. Ein Instrument kommt jeweils bei „Ehre sei Gott …" hinzu, so daß am Schluß alle begleiten.
3. Das „Ehre sei Gott …" wird nur am Anfang und am Schluß gesungen, die andern Male wird es mit Flöte oder Geige gespielt.

Auf dem Felde

Die Spieler/innen:
Sprecher/in
Hund (mit Verkleidung)
Schafe (mit Verkleidung)
Hirten (verkleidet)
ein Kind, das den an einem Stab befestigten Stern trägt

Zubehör:
– 1 Stück Brot
– 1 Stab mit Stern

die Instrumente:
– Glockenspiel
– Xylophon
– Fingerzimbeln
– kleines Becken
– Handtrommel
– Hölzchen
– Kastagnetten
– Schellenband oder Schellenkranz
– Triangel
– Rassel
– Holzblocktrommel
– Pfeifscheibe oder Heulrohr

Es lagn im Felde

Text: Rudolf Alexander Schröder

Es lagn im Felde die Hirten bei Nacht,
die haben gefroren und haben gewacht.
Die waren wohl hungrig, die waren wohl müd,
wie's heute noch Hirten im Felde geschieht.

Da scholl in den Lüften das Jubelgeschrei,
sie hörten's und kamen voll Freuden herbei.

Die himmlischen Chöre, die singen wohl hell,
viel heller denn Menschen. Doch komm nur Gesell,
die Kehle gewetzt und die Stimme geprobt:
Wer nimmer gesungen, heut singt er und lobt.

Die himmlischen Sterne sind alle Nacht schön,
doch heute blickt einer aus ewigen Höh'n,
der zeigt uns den Weg und wir folgen geschwind
und segnen die Mutter und grüßen das Kind.

Sprecher/in – Text	Begleitung mit Stimme/Instrument
	mäh mäh mäh mäh mäh mäh mäh mäh mäh mäh
	Die Hirten rufen die Schafe mit Namen. Schafe: „mäh, mäh, mäh…“
	Hund bellt. Schafe: „mäh, mäh, mäh…“
	Glockenspiel (Pentatonik) ♩ ♩ ♩ ♩ ♩ ♩ ♩ ♩ ♩
Es lagn im Felde die Hirten bei Nacht, die haben gefroren, die haben gewacht.	
	Der Wind pfeift: „Hui! Hui! Hui! …“ Dazu Pfeifscheibe oder Heulrohr mit-einsetzen.
Die waren wohl hungrig,	
	Triangelschlag bei jedem Stückchen Brot, das abgebrochen wird. ♩ ♩ ♩ ♩ ♩
die waren wohl müd, wie's heute noch Hirten im Felde geschieht.	

Handlung/Spiel/Darstellung	Notizen
Auf der Spielfläche gehen alle Schafe durcheinander.	
Die Hirten treiben die Schafe in eine Ecke.	
Der Hund bewacht die Schafe.	
Die Hirten setzen sich im Halbkreis, zünden eine Kerze an und stellen sie in die Mitte.	
Sie wärmen ihre Hände an der Flamme, hüllen sich fester in ihre Decken oder Mäntel.	
Ein Hirte nimmt ein Stück Brot aus der Tasche und teilt es mit den andern.	

Sprecher/in – Text	Begleitung mit Stimme/Instrument
	Trommel begleitet die Schritte 
Da scholl in den Lüften	
	Fingerzimbeln: erst leise, dann lauter 
das Jubelgeschrei. Sie hörten's und kamen voll Freuden herbei.	
	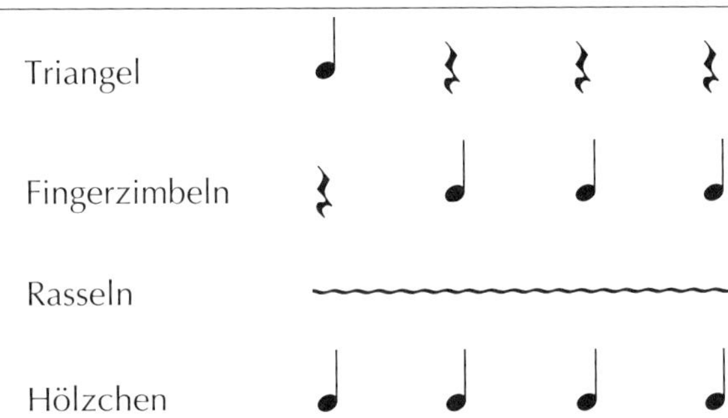 (mehrmals wiederholen)
Text und Melodie: Irene Wirth 	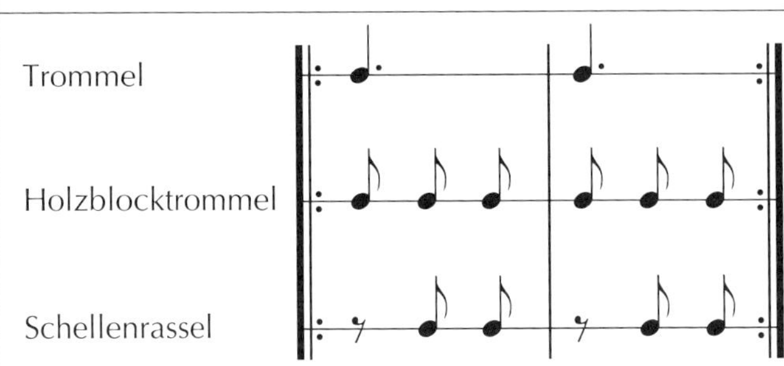
Die himmlischen Chöre, die singen wohl hell, viel heller als Menschen. Vorspiel (Glockenspiel): *Melodie: Irene Wirth*  *Text und Melodie: Irene Wirth* 	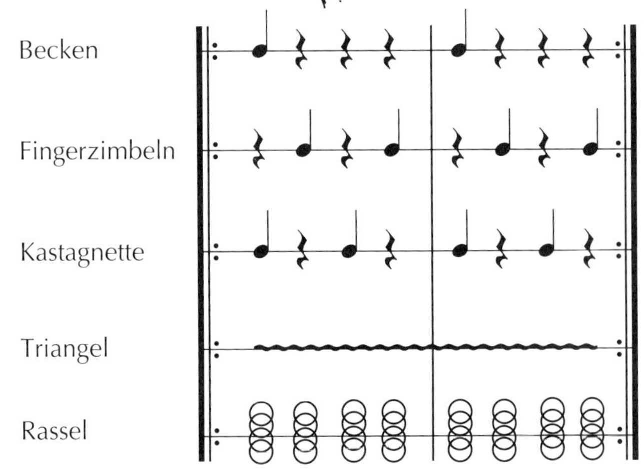

Handlung/Darstellung	Notizen
Die Hirten blasen die Kerze aus, stellen sie weg und gehen langsam, gebeugt	
und mit schweren Schritten herum.	
Sie bleiben stehen, schauen, horchen.	
Sie kommen in die Mitte, schauen nach oben und lauschen.	
Die Hirten stehen und lauschen. Der Hund und die Schafe kommen ebenfalls in die Mitte, stehen ruhig und horchen.	
Die Hirten gehen langsam um die Schafe im Kreis. Sie bleiben stehen und klatschen den Takt mit.	

Nachspiel (Glockenspiel): *Melodie: Irene Wirth* 	
Doch komm nur Gesell, die Kehle gewetzt und die Stimme geprobt, wer nimmer gesungen, heut singt er und lobt.	
	Xylophon **glissandi**  Glockenspiel **glissandi** 
Die himmlischen Sterne sind alle Nacht schön, doch heute blickt einer aus ewigen Höh'n.	
	Xylophon 
Der zeigt uns den Weg, und wir folgen geschwind	
	Hölzchen 
und segnen die Mutter und grüßen das Kind.	

Sie gehen wieder um die Schafe herum.	
Die Hirten stehen und schauen.	
Die Hirten packen ihre Sachen zusammen.	
Hund und Schafe gehen von der Bühne.	 
Die Hirten gehen im Kreis.	
Die Hirten bleiben stehen und singen:  *Text und Melodie mündlich überliefert*	

Wir bringen unsre Gaben

Die Spieler/innen und ihre Gaben:

1. Sprecher/in
2. Sprecher/in
3. Sprecher/in
4. Schreiner (Wiege)
5. Mädchen (Kissen)
6. Bauer (Fell)
7. Hausfrau (Brei im Topf)
8. Opa (Kinderbuch)
9. Oma (Wollstrümpfe)
10. Matrose (Räucherfisch)
11. Gärtnerin (Blume)
12. Maurer (Haus)
13. Junge
14. Freund (Ball)
15. Person mit Handtrommel
16. Maria
17. Josef

Es wird gebraucht: eine Krippe

Die Kinder stehen rechts und links der Krippe und singen: *Text und Melodie: Friedrich Silcher, 1837*

1. Sprecher/in: Alle Jahre wieder kommt das Christuskind, auf die Erde nieder, wo wir Menschen sind.

2. Sprecher/in: Kehrt mit seinem Segen, ein in jedes Haus, geht auf allen Wegen mit uns ein und aus.

3. Sprecher/in: Liegt hier in der Mitte, arm und klein auf Stroh, wir wollen es beschenken, du Jesus mach uns froh.
Mit unsren eignen Gaben, die jedem gegeben sind, und dem, was wir so haben, gehören jetzt dem Kind.

Schreiner (mit Wiege):
In meiner großen Schreinerei stehen viele Wiegen,
da gefielen mir so drei, – in dieser sollst du liegen.

Er stellt die Wiege hin – Maria und Josef betten das Kind hinein.

Mädchen (mit Kissen):
Die Bretter sind doch viel zu hart
für so ein kleines Geschöpfchen,
sein Körper ist so fein, so zart,
leg auf das Kissen sein Köpfchen.

Sie reicht Maria das Kissen, die es in die Wiege legt.

Bauer (mit Fell):
Das Fell, hier, hab ich mitgebracht,
das Beste von all meinen Tieren,
das leg ich über die Wiege ganz sacht,
so muß das Kind nicht frieren.

Er legt es darüber.

Hausfrau (trägt Topf mit Brei):
Kleine Kinder ohne Zähne essen gerne süßen Brei,
aus Milch und Grieß, mit Zimt und Honig, einem frischen Hühnerei.

Sie reicht Maria den Topf.

Opa (mit Kinderbuch):
Manchmal, abends, besuche ich dich,
erzähle dir eine Geschichte,
vom Eseltreiber Roderich
und seiner kleinen Nichte.

Er legt das Buch hin.

Oma (mit Wollstrümpfen):
Die warmen Strümpfe wirst du tragen,
aus feiner Wolle und schön bunt,
dann kann dich mal kein Husten plagen,
bleib immer munter und gesund.

Sie legt die Strümpfe neben die Krippe.

Matrose (mit Räucherfisch):
Gewürzt ist dieser Räucherfisch
mit Kräutern aus türkischem Land,
kommt nur bei Königen auf den Tisch,
ich geb ihn dir in die Hand.

Er reicht ihn Josef.

Maurer (mit Haus):
Mauern, mauern, Häuser mauern,
tu ich immerfort,
und dir, Jesus, bau ich eines,
da geb ich mein Wort.

Er stellt das Haus hin.

Gärtnerin (mit Blumen):
Aus meinem neuen Blumenladen,
Lindenstraße vier,
sollst du die schönsten Blumen haben,
ein Geschenk von mir.

Sie legt die Blumen hin.

Junge:
Ich bin der kleine Hans,
kann wirklich nicht klug reden,
hab weder Schafe, Geld noch Gans,
zum Jesuskind will ich beten.

Er kniet hin.

Freund (mit Ball):
Dein Freund laß mich sein, der bei dir ist,
selbst dann, wenn die Erde sollt beben,
der bei dir bleibt, egal wo du bist,
zu zweit kommt man leichter durchs Leben.

Er legt den Ball hin.

Musiker/in (mit Handtrommel):
In der Früh und bis zur Nacht
möcht Freude ich dir bringen,
die Trommel hab ich mitgebracht,
laßt uns zusammen singen:

Text und Melodie: Aus Spanien
Deutscher Text: Liselotte Holzmeister
Von Fidula-Cassette 28 „Nikolaus und Weihnacht"
Fidula-Verlag Boppard/Rhein und Salzburg

Zumba zumba, welch ein Singen

1. Heut ist der Heiland geboren,
Tröster und Retter der Welt,
er hat zum Heil uns erkoren,
ewig er Treue uns hält.

2. Jeder will ihm etwas bringen,
ich aber hab nicht viel Geld;
ich kann dem Kindlein nur singen,
hoffen, daß es ihm gefällt.

3. Daß sich das Kindlein erfreute,
spielten die Hirten Ihm vor.
Singt nun mit mir, liebe Leute,
singt mit den Hirten im Chor.

Die Heiligen Drei Könige

Spieler/innen: etwa 15 bis 30 Kinder
Sprecher/in
3 Könige mit Schellenbänder an den Füßen
Stern, der von einem Kind getragen wird
Maria
Josef

Es wird gebraucht:
- Krippe
- ein bis drei Puppenwagen oder Puppenwiegen
- Handtrommel
- Glockenspiel
- Fingerzimbeln
- Schwungseil

Die Heiligen Drei Könige

Text: Nach Heinrich Heine

Die Heiligen Drei Könige aus Morgenland,
sie frugen in jedem Städtchen:
„Wo geht der Weg nach Bethlehem,
ihr lieben Buben und Mädchen?“
Die Jungen und Alten, sie wußten es nicht,
die Könige zogen weiter,
sie folgten einem goldenen Stern,
der leuchtete lieblich und heiter.
Der Stern blieb stehen über Josefs Haus,
da sind sie hineingegangen;
das Öchslein brüllte, das Kindlein schrie,
die Heiligen Drei Könige sangen.

Anmerkung: Die Könige gehen immer im Gleichschritt hintereinander und treten kräftig auf.
1. Szene Durch die Vibration erklingen die Schellen. Die Handtrommel begleitet dazu.

Die Könige gehen mehrmals im Kreis herum.
Die Trommel begleitet.
Dann bleiben sie seitlich stehen.

Seilspringen
2 Kinder schwingen ein großes Seil und singen das Lied.
1 Kind hüpft im Seil

Text und Melodie: Irene Wirth

Sprecher/in:
Die Heiligen Drei Könige aus Morgenland,
sie frugen in jedem Städtchen

Könige:
„Wo geht der Weg nach Bethlehem,
ihr lieben Buben und Mädchen?"

Die Kinder singen:

Die Könige gehen wieder mehrmals herum, von der Trommel begleitet.

Dann bleiben sie stehen.

Laufspiel

Der Fuchs geht rum

Text und Melodie: Aus Hessen

Spielvorschlag:
Die Kinder stehen im Kreis. Niemand darf sich umsehen. Außen geht der Fuchs herum mit einem geknoteten Taschentuch (Plumpsack). Damit schlägt er ein Kind. Dann läßt er das Tuch fallen („plumps"). Das geschlagene Kind muß das Tuch aufheben und den Fuchs fangen, der die Lücke im Kreis zu erreichen versucht. Gelingt ihm dies, so übernimmt das ihn verfolgende Kind die Rolle des Fuchses.

Könige: Wo geht der Weg nach Bethlehem,
ihr lieben Buben und Mädchen?

Die Kinder singen:

Die Könige gehen mehrmals herum, von der Trommel begleitet.

Dann bleiben sie stehen.

Handwerkerspiel

(Die entsprechenden Tätigkeiten werden dargestellt.)

Fleißige Handwerker

Text und Melodie: volkstümlich

2. 𝄆 O, wie fein! 𝄇
Der Glaser setzt die Scheiben ein.

3. 𝄆 Tauchet ein! 𝄇
Der Maler streicht die Wände fein.

4. 𝄆 Zisch, zisch, zisch! 𝄇
Der Schreiner hobelt glatt den Tisch.

5. 𝄆 Poch, poch, poch! 𝄇
Der Schuster schustert zu das Loch.

6. 𝄆 Stich, stich, stich! 𝄇
Der Schneider näht ein Kleid für mich.

7. 𝄆 Rühre ein! 𝄇
Der Kuchen wird bald fertig sein

8. 𝄆 Tripp, trapp, drein! 𝄇
Jetzt gehn wir von der Arbeit heim.

9. 𝄆 Hopp, hopp, hopp! 𝄇
Jetzt tanzen alle im Galopp.

Könige: Wo geht der Weg nach Bethlehem,
ihr lieben Buben und Mädchen?

Die Kinder singen:

Die Könige gehen mehrmals herum, von der Trommel begleitet.

Dann bleiben sie stehen.

Laufspiel

(zum Sprechen oder Singen)

Rirarutsch

Text und Melodie: volkstümlich

Spielvorschlag:
Die Kinder stehen paarweise, die Hände überkreuz gefaßt. Am Ende jeder Zeile drehen sie sich, daß sie in der entgegengesetzten Richtung stehen, ohne die Hände loszulassen. Mehrmals wiederholen.

Könige: Wo geht der Weg nach Bethlehem,
ihr lieben Buben und Mädchen?

Die Kinder singen:

Die Könige gehen mehrmals herum, von der Trommel begleitet.

Dann bleiben sie stehen.

Puppenspiel

Kinder spielen mit ihren Puppen

Dazu spielt ein Glockenspiel:

Sie nehmen die Puppen heraus, setzen sich hin, wiegen sie auf dem Arm und singen dazu:

Schlaf, Kindlein, schlaf

Text: volkstümlich
Melodie: Johann Friedrich Reichhardt

2. Schlaf, Kindlein, schlaf!
Am Himmel ziehn die Schaf.
Die Sternlein sind die Lämmerlein,
der Mond, der ist das Schäferlein.
Schlaf, Kindlein, schlaf!

Könige: Wo geht der Weg nach Bethlehem,
ihr lieben Buben und Mädchen?

Die Kinder singen:

6. Szene

Sprecher/in: Die Jungen, die Alten, sie wußten es nicht,
die Könige zogen weiter.

Stern zieht auf.

Glockenspiel glissandi aufwärts ↗

Sprecher/in: sie folgten einem goldenen Stern,
der leuchtete lieblich und heiter.

Stern geht voraus, die Könige folgen ihm.

Trommel 

Zimbeln 

Glockenspiel 

Sprecher/in:

Der Stern blieb stehen über Josefs Haus,
da sind sie hineingegangen.

(Stern bleibt über der Krippe stehen.)

Das Öchslein brüllte, (Stimme)
das Kindlein schrie, (Babygeschrei)
die Heiligen Drei Könige sangen:

Text und Melodie: Nikolaus Herman, 1560/1554

Literatur

„Der Fuchs geht rum" (Spielvorschlag). Richard Rudolf Klein, „Willkommen lieber Tag", Bd. 1. © Verlag Moritz Diesterweg, Frankfurt am Main

„Es lagn im Felde ...". Aus: Rudolf Alexander Schröder, „Gesammelte Werke", Bd. 1. © Suhrkamp Verlag, Frankfurt am Main

„Hört der Engel helle Lieder ...". Aus: „Liederheft für die Gemeinde".
Evangelischer Presseverband für Bayern e. V., München
Text und Melodie aus Frankfreich
Deutscher Text: Otto Abel
© Verlag Merseburger Berlin GmbH, Kassel

„Kam der Hahn nach Bethlehem ...". Text von Klaus W. Hoffmann. Aus: „Weihnachten überall".
Ravensburger Buchverlag Otto Maier
© AKTIVE MUSIK Verlagsgesellschaft mbH, Postfach, 44381 Dortmund

„Seht, die gute Zeit ist nah ...". Aus: „Evangelisches Gesangbuch".
Text und Melodie: Friedrich Walz nach einem Weihnachtslied aus Mähren.
Bearbeitet von Irene Wirth
© Verlag der Ev.-Luth. Mission Erlangen

„Tanz mit Cassette". Luzie Steiner und Ingrid Engel.
Gustav Bosse Verlag, Kassel

„Uns wird erzählt von Jesus Christ ...". Aus: „111 Kinderlieder zur Bibel".
Christophorus-Verlag, Freiburg und Verlag Ernst Kaufmann, Lahr
Text: Kurt Rommel

„Zumba, zumba, welch ein Singen ...". Von: Fidula-Cassette 28 „Nikolaus und Weihnacht".
Fidula-Verlag Boppard/Rhein und Salzburg
Deutscher Text: Lieselotte Holzmeister